Hazrat Inayat Khan

Naturmeditationen

Hazrat Inayat Khan (1882 – 1927)

Hazrat Inayat Khan

Naturmeditationen

Verlag Heilbronn

Originaltitel: Nature Meditations
1991 Omega Publications, Inc.
New Lebanon, NY, USA
Übersetzung: Beatrice Balke
Illustrationen: Glas- und Seidenmalereien von Barbara Balke

Die Deutsche Bibliothek - CIP.Einheitsaufnahme

Inayat Khan <Hazrat>:
Naturmeditationen / Hazrat Inayat Khan
Vorw.: Pir Vilayat I. Khan, Beatrice Balke
1. Aufl. – Heilbronn: Verl. Heilbronn 2000
ISBN 3-923000-94-4

Verlag Heilbronn
Postfach 36 41, D-74026 Heilbronn

Verkehrsnummer 14894
ISBN 3-923000-94-4
1. Auflage by Verlag Heilbronn

Gesamthersteller:
Druckerei Wolf, D-74604 Öhringen

INHALT

Anmerkung

Hazrat Inayat Khan diktierte die Naturmeditationen 1921 während der ersten Sufi-Sommerschule in Wissous, Frankreich, seinem Sekretär Sheik Sirdar van Tuyll.

Die Sätze wurden so formuliert, dass man sie als spirituelle Übung still auf dem Atem wiederholen kann. Im Text ist dies folgendermassen gekennzeichnet:

normaler Schrifttyp für das Einatmen,
in Klammern beim Anhalten des Atems,
Kursivschrift für das Ausatmen.

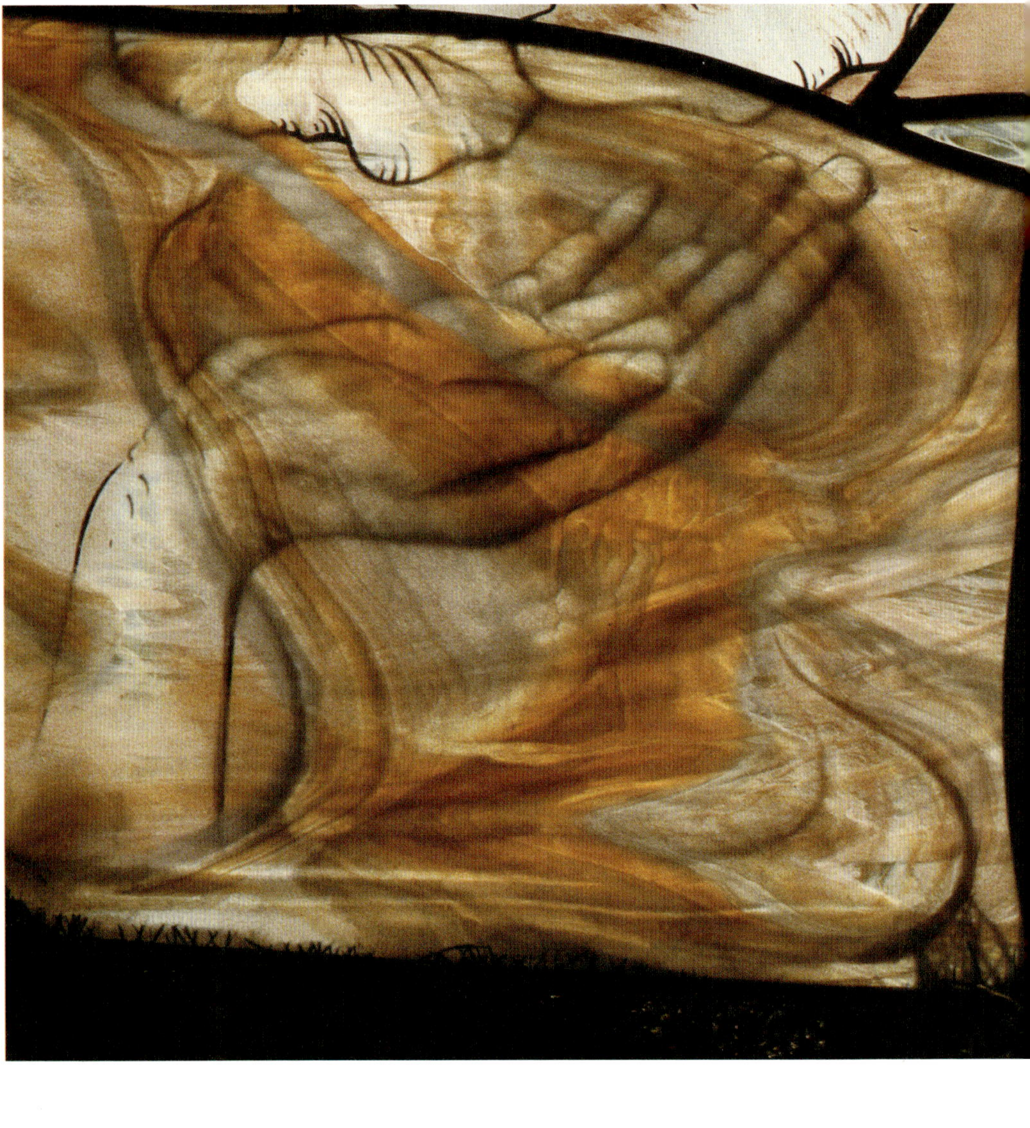

Vorwort zur deutschen Übersetzung

Warum Naturmeditationen? Hazrat Inayat Khan sagt: „Es ist die Sprache der Natur, durch welche die Offenbarung Gottes an uns ergehen soll. ... Gott ist in der Natur allgegenwärtig."(1). In einer Zeit der globalen ökologischen Krise zeigen die Aphorismen dieses Büchleins die Richtung des anstehenden Bewusstseinswandels an. Wir können es uns heute nicht länger leisten in unserem beschränktem dualistischem Bewusstsein die uns umgebende natürliche Welt lediglich zum Objekt unserer egozentrischen Interessen zu machen.

Hazrat Inayat Khans Übungen helfen uns den verloren gegangenen wesenhaften Bezug zu allem Geschaffenen wieder zu gewinnen. Wie Franziskus von Assisi können wir dann vielleicht den Wind, die Sonne, das Wasser und die Erde als unsere Brüder und Schwestern erfahren, Gottes Schöpfung lobpreisen und als Mitgeschöpfe mit ihr kommunizieren.

Gleichnishaft steht die physische Welt vor uns, um die in ihr enthaltene verborgene Bedeutung und Botschaft zu offenbaren. Jeder einzelne Aphorismus stellt ein Werkzeug dar, um „Das, was durchscheint, durch das, was erscheint", – die in der physischen Welt enthaltene geistige, göttliche Welt – zu erfassen. So kann uns jedes Wesen, jedes Phänomen der geschaffenen Welt zu einem Fingerzeig zu Gott werden.

Die einzelnen Aphorismen vermögen als spirituelle Praxis unsere Wahrnehmung, unsere Gefühle, unseren Verstand und unser Bewusstsein auszurichten und lassen uns auch in schwierigen, uns unangenehmen, bedrückenden Situationen einen verborgenen tieferen transformatorischen Sinn erkennen. Wie ein Koan entfalten sie, schrittweise als mehrere Stufen der Bedeutung und durch die verschiedenen Ebenen unseres Wesens ihre Wirksamkeit. Das Ziel ist, dass wir in der Einheit, im überpersönlichem göttlichen Urgrund wieder Wurzeln schlagen und diese Realität dann im alltäglichen Leben durch unsere Worte, unsere gefühlsmässige Gestimmtheit und durch unsere Taten bezeugen.

Beatrice Balke

Dank

Ich danke Firoz Holtermann Ten Hove für seine Vorarbeit und Musawira Brüning und Aeostra Hamann für ihre wertvolle Unterstützung und Hilfe.

Einleitung

Die Schüler von Hazrat Inayat Khan, die das grosse Privileg hatten, an der Sommerschule in Suresnes, nahe bei Paris, teilzunehmen, und besonders an der früheren inmitten der Weizenfelder von Wissous, erhielten einen unvergesslichen Eindruck der perfekten Resonanz zwischen dem Meister und der Natur. Während er scheinbar mit jedem Schritt über den Atem den Magnetismus der Erde in sich aufnahm, verlieh er ihr umgekehrt eine besondere Qualität von kosmischer Macht und öffnete dabei seinen Körper, um als Brücke zu dienen und himmlischen Magnetismus in die Erde zu leiten. Indem er Bäume und Blumen mit einem besonderen Leben erfrischte, heiligte sein Atem diese Kommunion mit göttlichem Bewusstsein.

Was die Einsamkeit in der Natur ihm bedeutete, wird sehr deutlich in den letzten Szenen seines Theaterstücks 'Der Bogey-Mann'. Hier porträtiert er sein wirkliches Wesen, den Eremiten, in dessen natürlicher Umgebung, und spielt darauf an, was für eine Entfremdung es bedeutete, mit weltlichen, von Menschen gemachten Werten umgehen zu müssen. Zeigte er nicht durch sein Beispiel, wie man unsere säkularisierte Lebensart bereichern und vervollständigen kann und sollte, dabei die Werte skizzierend, die die Verwirklichten motivieren, deren Art zu denken, er repräsentierte?

Hazrat Inayat Khan gibt uns mit den Naturmeditationen ein Mittel in die Hand, um diese Art zu denken, zu fühlen und zu erfahren in unser gewöhnliches Alltagsleben einzuführen. Anscheinend lässt sich das tiefe Bedürfnis der Menschen nach Einssein mit der Natur nicht einfach dadurch erfüllen, dass er wandert oder kampiert, sondern vielmehr dadurch, dass er in das Bewusstsein der Bäume und der Pflanzen, des Planeten und seiner Atome eindringt und erlebt, wie es wäre, diese Blume oder jener Baum zu sein oder in den Geist des Windes über einer Landschaft oder eines Tones einzutreten. Das bedeutet in der Tat, zu einem vollkommen anderen Fokus des Bewusstseins überzuwechseln und sich dabei auf eine verklärte Welt einzustimmen, die, wie die Sufis sagen, „hindurchscheint durch das, was erscheint“. Das heisst, eine ganz neue Dimension des Lebens zu entdecken und mit der Natur erneut einen heiligen Bund zu schliessen, der so oft verletzt wurde. Dies verlangt eine heilige Übereinkunft zwischen dem Menschen und der Natur, sein Versprechen, sie zu respektieren und seine Beziehung zu ihr im Namen Gottes zu heiligen.

Pir Vilayat Inayat Khan

… dass er in das Bewusstsein der Bäume eindringt. …

NATUR

Jeder, der Kenntnisse über die Mystik und das Leben der Mystiker hat, weiss, dass das, was den Mystiker immer am meisten anzieht, die Natur ist. Natur ist sein Brot und sein Wein. Natur ist die Nahrung seiner Seele: die Natur inspiriert ihn, erhebt ihn und gibt ihm die Einsamkeit, nach der sich seine Seele beständig sehnt. Jede Seele, die mit einem Hang zur Mystik geboren ist, zieht es stets zur Natur, weil diese Seele in der Natur ihre tiefste Sehnsucht findet. So wie im Vadan (2) geschrieben steht: „Die Kunst ist meinem Herzen lieb, aber die Natur ist meiner Seele nah." Auf diejenigen, die keine Neigung zur Mystik haben, hat die Natur eine beruhigende Wirkung: für sie bedeutet sie eine friedliche Atmosphäre. Aber einer mystischen Natur ist sie alles. Kein Wunder, dass die Mystiker, Weisen und Propheten aller Zeiten in der Natur Zuflucht suchten vor all den zerstörenden Einflüssen des gewöhnlichen Lebens. Sie betrachteten die Höhlen der Berge als besser als Paläste; das Obdach eines Baumes erfreute sie mehr als schöne Häuser; lieber betrachteten sie fliessendes Wasser, als der vorübergehenden Menge zuzuschauen, sie zogen die Küsten der Meere den grossen Städten vor. Sie fanden mehr Gefallen daran, dem Steigen und Fallen der Wellen zuzusehen als dem ganzen Schauspiel, das die Welt hervorbringen kann. Sie liebten es, den Mond und die Sterne am Himmel zu betrachten, mehr als all die von Menschen gemachten schönen Dinge. Für den Mystiker hat das Wort Natur eine breitere Bedeutung. Aus mystischer Sicht zeigt sich Natur in vier verschiedenen Aspekten.

Der Wald, die Wüste, Hügel und Täler, Berge und Flüsse, Sonnenaufgang und -untergang, die mondhelle Nacht und die leuchtenden Sterne sind Aspekte der Natur. Vor einem Mystiker stehen diese Phänomene wie Ziffern, Charaktere, Gestalten, die vom Schöpfer dazu erschaffen wurden, gelesen zu werden, falls man fähig ist, sie zu lesen. Die Sure des Korans, welche die erste Offenbarung des Propheten enthält, sagt uns: „Lies im Namen Deines Herrn... der mit der (Schreib)Feder lehrte.“ Darum erkennt der Mystiker die Schöpfung als geschriebenes Buch, er versucht ihre Charaktere zu lesen und erfreut sich an dem, was sie ihm enthüllen. Für den Mystiker ist es nicht nur das Zu- und Abnehmen des Mondes, es hat eine andere Bedeutung, für ihn ist es nicht lediglich Sonnenaufgang und -untergang, es sagt ihm etwas anderes, es ist nicht nur die Stellung der Sterne, sondern ihre Bewegung und ihr Einfluss erzählen dem Mystiker etwas. Die so still ruhenden Berge, die geduldigen alten Bäume, die öde Wüste, der dichte Wald, sie haben nicht nur einen beruhigenden Effekt auf den Mystiker, sondern sie drücken etwas für ihn aus. Das Rascheln der Blätter dringt als Flüstern an seine Ohren, das Murmeln der Winde erreicht seine Ohren als Musik, und die Geräusche der Bäche, die durch die Wälder fliessen, die ihren Weg finden durch Felsen und Kieselsteine, sind den Ohren des Mystikers eine Symphonie. Keine Musik kann grösser und höher sein als diese. Das Krachen des Donners, das Pfeifen des Windes, das Säuseln der Morgenbrise, all dies vermittelt einem Mystiker eine bestimmte Bedeutung, die dahinter verborgen ist. Für einen Mystiker schaffen sie ein Bild des Lebens, kein totes Bild, ein lebendiges Bild, welches kontinuierlich in jedem Augenblick ein neues Geheimnis offenbart, ein neues Mysterium für sein Herz.

Und dann kommen wir zum nächsten Aspekt der Natur, einem Aspekt, der sich durch die niedere Schöpfung manifestiert. Die stillen kleinen Kreaturen, die auf der Erde krabbeln, die singenden Vögel in den Bäumen, der Löwe in seinem Zorn, der Elefant in seiner Grösse, das Pferd in seiner Anmut und das Reh in seiner Schönheit, sie alle erzählen dem Mystiker etwas. Er beginnt die Bedeutung des Zorns des Löwen zu sehen und die der Bescheidenheit des Rehes; er hört den Worten zu, die durch das Singen der Vögel an seine Ohren dringen, für ihn ist es kein wortloser Gesang. Die alten Mystiker benutzten in ihrer Symbolik den Kopf des Tigers, die Gestalt des Löwen, das Bild des Adlers und auch die Bilder der Schlange und der Kuh. Sie stellten sie als Charaktere dar, die sie lesen konnten, indem sie diesen Aspekt der Natur beobachteten.

Es gibt einen Aspekt der Natur, der noch interessanter ist, und um ihn zu sehen, muss der Mystiker nicht fortgehen, denn er sieht ihn inmitten der Welt. Was ist es? Es ist das Lesen der menschlichen Natur und das Beobachten ihres ständigen Wandels, ihres Fortschritts, ihrer Verbesserung. Sie ist so interessant, dass man das Leben trotz all der Schwierigkeiten, die die Welt bringt, lebenswert findet, wenn man zu bemerken beginnt, wie die, die vorwärts gingen, anfangen rückwärts zu gehen, und die, die rückwärts gingen, beginnen voranzugehen. Wenn man beobachtet, wie eine Person, ohne im Wasser zu versinken, im Leben untergeht, und wie eine Person, die untergegangen war, wieder anfängt zu schwimmen und gerettet wird, wenn man sieht, wie eine Person in einem Augenblick vom Gipfel zum Grund fällt, und wie eine Person, die am Boden kroch, schliesslich den Gipfel erreicht. Wenn man sieht, wie Freunde sich in bittere Feinde verwandeln und wie bittere Feinde eines Tages zu Freunden werden. Demjenigen, der die menschliche Natur sorgfältig beobachtet, vermittelt dies solch ein Interesse am Leben, dass er stark genug wird, alles zu tragen, zu ertragen, sich geduldig allen Dingen zu stellen. Dieses sich bewegende Bild kann man das ganze Leben hindurch beobachten, und es ist nie genug, man wird davon nie müde.

Der vierte Aspekt der Natur ist die göttliche Natur, die Bedeutung des Sprichworts zu erkennen: Der Mensch denkt, und Gott lenkt. Wenn man fähig ist, die Hand Gottes im Leben zu erkennen, öffnet sich einem eine andere Welt. Dann sieht der Mensch die Welt nicht mehr, wie jeder andere sie sieht, denn er beginnt nicht nur die laufende Maschine zu sehen, sondern auch den Ingenieur, der an ihrer Seite steht, der es der Maschine ermöglicht zu arbeiten. Dies ist uns Anlass zu noch grösserem Interesse, dem grössten Interesse am Leben. Würde man geschunden und gekreuzigt, es würde einem nichts ausmachen, denn man erhebt sich über Schmerz und Leid, und man findet es der Mühe wert, zu leben und dieses Phänomen zu beobachten, das einem in der eigenen Lebenszeit den Beweis der Existenz Gottes vermittelt.

Es sind diese vier Aspekte, die die Mystiker als Natur bezeichnen; einem Sufi sind sie seine Heilige Schrift. All die anderen heiligen Bücher der Welt, wie hoch sie von den Nachfolgern der verschiedenen Religionen auch geschätzt werden, sind Interpretationen dieses Buches – durch jene gegeben, denen klare Visionen geschenkt wurden und die ihr Bestes versuchten, der Menschheit in unserer menschlichen Sprache, die eine begrenzte Sprache ist, all das zu vermitteln, was sie selbst daraus gelernt hatten.

Natur lehrt nicht die Herrlichkeit Gottes; sie braucht dies nicht zu lehren, weil die Natur selbst Gottes Herrlichkeit ist. Menschen wollen Astrologie und andere Fächer studieren, um besser zu verstehen. Aber wenn wir Astrologie studieren, so geraten wir sicherlich an eine von Menschen gegebene Interpretation. Was wir aus der Natur lesen sollten, ist das, was die Natur selbst uns gibt, nicht was irgendein Buch uns lehrt.

Es kommt eine Zeit, mit der Reife der Seele, da uns jedes Ding und jedes Wesen seine Natur offenbart. Wir müssen nicht über das Leben der Menschen lesen, wir müssen nicht ihre Theorien lesen. Wir wissen dann, dass diese weite Natur mit ihren vier Aspekten sich immer offenbart und dass man immer mit ihr kommunizieren kann. Aber dennoch ist es nicht das Privileg einer jeden Seele, sie zu lesen. Viele Seelen bleiben blind mit offenen Augen. Sie sind im Himmel, aber ihnen ist nicht erlaubt, den Himmel zu betrachten; sie sind im Paradies, aber ihnen ist nicht erlaubt, sich an den Schönheiten des Paradieses zu erfreuen. Es ist, als würde jemand auf einem Haufen von Edelsteinen schlafen. Von dem Augenblick an, wenn die Augen des Menschen sich öffnen und er beginnt, das Buch der Natur zu lesen, fängt er an zu leben – und er lebt für immer.

In der weissen Rose sehe ich
die Reinheit Deines göttlichen Wesens.

Naturmeditationen

Erde

Ich neige mich zur Mutter Erde
aus Freude über den Vater im Himmel.

Bäume

Lass mein Denken süsse Früchte und duftende
Blüten tragen,
gleich diesem Baum, der in der Erde Deines
Geistes wurzelt.

Bäume mit hängenden Ästen:

Ich sehe Deine Hand,
mich segnend.

Bäume mit aufsteigenden Ästen:

Sie beten für mich
mit erhobenen Händen.

Bäume in der Nacht:

Mein Herz steht wartend und in Hoffnung,
so wie die Bäume stille stehen im Dunkel der Nacht.

Blumen

Ich schaue Dein Geheimnis
unter den Blütenblättern verborgen.

Blumen sind
Dein tanzender Rhythmus.

In den Blumen sehe ich
die weibliche Schönheit Deines Geistes.

Die Blumen erzählen mir,
wie schön Du bist.

In der Farbe der Blumen
sehe ich die Farbe Deines Angesichts.

In der Gestalt der Blumen
nehme ich Dein Bild wahr.

Ich sehe Dein Können, o vollkommener Künstler,
in der Gestaltung der Blumen.

Blumen sprechen zu mir
von Deinem Liebreiz.

Den Blumen entströmt ein Duft,
der mein Herz in Verzückung setzt.

Der süsse Duft der Blumen
bringt mir die Botschaft Deiner Süsse.

Wer machte die Blumen so schön,
(gab ihnen Farbe und Duft),
Du bist es, mein Herr.

Rosen

Die Rose bringt mir die Botschaft Deiner Liebe;
ich bringe sie Dir als Zeichen meiner Hingabe.

Die Rose bringt mir die Botschaft Deiner Liebe;
ich bringe sie Dir als Zeichen meiner Hingabe.

In der Rose sehe ich
Dein liebliches Antlitz.

Lass mein Herz in Deiner Liebe erblühen
so wie die Rose.

Meine Lippen sind geschlossen,
ein Gebet in sich bergend,
wie die Knospe der Rose.

Stärke mein Herz, dass ich mich beherrsche,
wie das Herz der Rose ihre Blütenblätter.

Lass mich Deine Schönheit bewahren,
in Form dieser Rose.

Der göttliche Funken in mir ist wie
ein Tropfen aus Deinem Ozean,
lass mich ihn bewahren, wie die Rose den Tautropfen.

In der roten Rose sehe ich
Dein Herz bluten über den Verderb der Menschheit.

In der weissen Rose sehe ich
die Reinheit Deines göttlichen Wesens.

In der rosa Rose sehe ich
Deine göttliche Liebe und Barmherzigkeit.

In der cremefarbenen Rose sehe ich
Deine Weisheit.

In der gelben Rose schaue ich
Dein göttliches Licht.

Oh, mache mein Herz so rot
wie Deine schöne rote Rose.

Mein Herz wird zu einer rosa Rose
in Deiner göttlichen Liebe.

Landschaft

Ich fühle Deine Gegenwart in dieser Landschaft,
die mein Herz so nah zu Dir zieht.

Diese Landschaft in meinem Herzen
ist ein Spiegel Deiner Schönheit.

Berge

Lass mich in allen Widrigkeiten der Wahrheit treu bleiben,
so wie der Berg unerschüttert in den Stürmen steht.

Mache meines Herzens Glauben stark
wie den Fels der Berge.

Hilf mir den gebirgigen Pfad zu erklimmen,
der zu Deinem Heiligtum führt.

Mit erhobenem Kopf und ausgestreckten Händen
schaue ich auf zu Dir,
in Anbetung, wie die Berge.

Lass Deine Macht die meine sein,
um die Berge der Verantwortung im Leben zu tragen.

Zur Schönheit des Frühlings, bei blühenden Wiesen

Ich schaue die Schönheit des Geliebten
in allen Formen und Farben.

Lass meinen Geist widerspiegeln, o Geliebter,
die Schönheit Deiner Farbe und Form.

Zu allem, was Frucht und Samen hervorbringt

Du bist das Leben,
und Du bist des Lebens Unterhalt.

Wasser

Quelle:

Lasse den Strom Deiner Weisheit und Freude
sich in meiner Seele erheben
wie die Wasserquelle.

Öffne mein Herz,
dass Dein Strom als Quelle aufsteigen möge.

Lass mein Leben zur Quelle Deines
unendlichen Lebens werden,
das für ewig weiter und weiter fliesst.

Fliessendes Wasser:

Mein Leben fliesst zu Dir, mein Ozean,
so wie der Fluss zum Meer fliesst.

Stilles Wasser:

Lass mein Herz Deine Ruhe widerspiegeln,
wie das stille Wasser.

Regen

Ergiesse den Regen Deiner Gnade und Barmherzigkeit
über die Menschheit.

Schnee

Lass Dein Wissen mein Herz bedecken,
so wie der Schnee die Erde.

In Deinem Lichte lass mein Herz schmelzen
wie Schnee in der Sonne.

Lass mein Herz die Reinheit von Schnee zeigen
auf dem Pfad der Rechtschaffenheit.

Lasse auf mich Dein ewiges Leben herabkommen
wie Schnee auf die Erde.

Du erfüllst mein Herz mit Freude,
wenn Dein Wahrheitswissen wie Schnee herunterfällt.

Meer

Mache mein Herz zum Ozean
Deiner göttlichen Vollkommenheit.

Mein Haupt beugt sich in Demut
und hebt sich in Deiner Macht,
wie die Wellen des Meeres, die sich unaufhörlich erheben.

Wellen von Freude steigen in meinem Herzen auf,
wenn ich in der Gestalt des Meeres Deine Natur erkenne.

Ich bin wie ein Tropfen
in Dir, mein Ozean.

Mein Leben ist wie eine Woge
im Meer Deines ewigen Lebens.

Du bist der Ozean
und ich bin die Welle.

Lass mich nicht versinken
im Meer des irdischen Lebens.

Lehre mich, Herr, zu schreiten
über das Meer des Lebens.

Wolken

Ruhige Wolken voller Licht und Farbe:

Lass mich Dein Licht in meinen Gedanken widerspiegeln,
wie die Wolken in ihrer Farbe das Sonnenlicht.

Lass aus meinem Herzen Wolken aufsteigen,
die Deine Schönheit und Farbe sichtbar machen.

Lass Deine Schönheit durch mein Herz strahlen,
so wie Sonnenstrahlen durch die Wolken dringen und sich verbreiten.

Regen- und Sturmwolken:

Während die Wolken Deiner Gnade zur Erde
gesandt werden,
steigen die Gefühle meines Herzens zu Dir hinauf.

Wie bei düsterem Himmel die Menschen
nach der Sonne ausschauen,
so suche ich in meinen dunklen Stunden nach Dir.

Der Himmel ist von dunklen Wolken bedeckt
und mein Herz von Schwermut,
auf der Suche nach Deinem Licht, meine geliebte Sonne.

Wenn die Sonne von Wolken verhüllt ist
und Dunkelheit herrscht,
ruft mein Herz laut: „Meine Sonne, meine geliebte Sonne."

Die dunklen Wolken brachten eine Romanze
zwischen Dir, mein Geliebter, und mir.

Ich werde dringen durch das schwarze Herz
der Wolken, um zu Dir zu gelangen, mein Herr.

Sturm

Meine Seele bleibt auf dich gerichtet,
geht auch mein Leben durch einen Sturm.

Dein Hereinbrechen, wie ein Sturm,
weckt mein tiefstes Verlangen nach Dir.

Ich lausche auf die Tiefe Deines Segens,
wenn der Sturm das Meer des Lebens aufwühlt.

Dein Hereinbrechen, wie ein Sturm,
weckt mein tiefstes Verlangen nach Dir.

Feuer

Feuer, du göttlicher Läuterer,
reinige mein Herz.

Feuer, o du Kraft Gottes,
reinige meinen Geist von allem Schlechten.

Feuer, in dir erkenne ich
Gott, den Schöpfer, Läuterer und Heiler.

Lass das Feuer der Liebe in meinem Herzen bleiben,
alles andere verbrenne.

Lass mich in Deiner Wärme leben;
erhebe mich über die Kälte der Erde.

Herr, entfache Feuer in meinem Herzen,
dass mir das Leben klarer werde.

Lasse die Qualen des Lebens alles verbrennen,
was mich hindert, aufzusteigen
zu Deinen Sphären von Frieden und Freiheit.

Herr, zerstöre meine Schwächen
durch das Feuer Deiner Liebe.

Lass meine Seele sich erheben
wie die aufsteigende Flamme.

Lass mein falsches Selbst zu Asche zerfallen,
dass mein wahres Selbst wie ein Phönix geboren werde.

Lass die Flamme, die in meinem Herzen aufsteigt,
meinen Weg erleuchten.

Sonne

Sonnenschein:

Lass die Sonne Deiner Herrlichkeit
in meinem Herzen scheinen.

Sonnenaufgang:

Erhebe meine Seele zu Dir
mit dem Aufgang der Sonne.

Laß die Sonne Deiner Herrlichkeit
in meinem Herzen scheinen.

Sonnenuntergang:

Lass mich mit Dir eins werden
bei Sonnenuntergang.

Lass die Sonne Deines göttlichen Geistes
aus meinem Herzen aufsteigen,
auf dass die Morgenröte aus der Dunkelheit
des Lebens hervorbreche.

Wo immer Dein liebender Blick hinfällt,
geht eine neue Sonne auf.

Geliebter, das Aussenden Deines Blickes
lässt die Sonne aufgehen,
und mit dem Abwenden Deines Blickes geht sie unter.

Seitdem Dein Lächeln eine neue Sonne in meinem
Herzen erschaffen hat,
sehe ich überall die Sonne scheinen.

Mit dem Öffnen und Schliessen Deiner Augen, Geliebter,
geht in meinem Herzen die Sonne auf und unter.

MOND

Mondlicht:

Lass mein Herz Dein Licht widerspiegeln,
so wie der Mond die Sonne.

Zunehmender Mond:

Lass meine Seele Dir entgegen schreiten,
wie der zunehmende Mond der Fülle entgegen geht.

Abnehmender Mond:

Lass Dein Licht meine Fackel sein
in der Dunkelheit des Verstandes.

Möge Dein Licht mir den Weg weisen
durch das Dunkel des Verstandes.

Vollmond:

Fülle mein Herz mit Deinem Licht,
ganz wie den vollen Mond.

Lass Deine Vollkommenheit die meine werden
und meine Unvollkommenheit schwinden
wie die Dunkelheit bei Vollmond.

Nacht

In der Dunkelheit der Nacht
sucht meine Seele nach Dir.

Sternenhimmel

Lass mein Herz zu einem Planeten werden
in Deinem Himmel.

Lass mich Deine göttliche Botschaft empfangen,
so wie die Sterne das Licht von Deinem
verborgenen Antlitz.

Fülle mein Herz mit Deiner Liebe,
dass alle meine Tränen sich in Sterne verwandeln.

Öffne einen Weg durch Deine Himmel,
damit ich Deine Wohnstatt erreiche.

Lass meine Seele Dein Licht widerspiegeln,
dass jeder Blick, den ich werfe, zu einem
Kometen werde.

Luft

Sprich zu mir, Gott,
durch die Luft.

Heile mich, Gott,
durch die Wellen der Luft.

Durch die Luft vernehme ich
Deine tröstende Stimme.

In der Berührung der Luft
fühle ich Deine zärtliche Liebkosung.

Luft, erhebe meine Seele
und trage sie zu Seinen göttlichen Sphären.

Die Luft rührt mein Herz
zu Tränen in Deiner Liebe.

Die Luft bringt Deine Botschaft
und versetzt mich in Verzückung.

Ich erhebe ich mich über Geburt und Tod
mit den Wellen der Luft.

Luft, trage die Botschaft meines fühlenden Herzens
weit und immer weiter.

Raum

So unsichtbar wie der Raum
(und so unfassbar wie die Zeit)
ist Dein Wesen, o Herr!

Raum um sich über Sorgen und Ängste zu erheben:

Du bist gegenwärtig
überall im Raum.

Raum um die Wahrheit im Mysterium zu suchen:

Durch den Raum spüre ich
Deine grenzenlose Gegenwart.

Lass mich Dich im Raum begrüssen,
o Gott, jenseits von Form und Farbe.

Deine Schönheit ergiesse in mein Herz,
wie die Schöpfung in den leeren Raum.

Erde zu Erde, Wasser zu Wasser,
lass meine Seele durch den Raum sich in Dich versenken.

Himmel

Wie das Licht hülle mich ein in Deinen göttlichen Geist,
erhebe mich über die Erdenschwere.

Wind

Starker Wind:

Meine Seele weht Dir entgegen
wie der Wind.

Du entfachst meines Herzens Feuer,
indem Du es mit säuselnden Blättern befächelst.

Zarte leichte Brise (Wind, der in den Blättern fächelt):

Du entfachst meines Herzens Feuer,
indem Du es mit säuselnden Blättern befächelst.

Jedes Blatt wird zu einem Deiner Finger,
sobald Du die Flöte mit Deinem Atem füllst.

Lass mich Deine Botschaft empfangen,
wie die Zweige, die sich in Verzückung wiegen.

Bewegung

In der Bewegung berühre ich Dein Leben,
in der Stille erfahre ich Deinen Geist.

Lass mir jede Deiner Bewegungen zu einem Wort werden,
das mir so lange verloren war.

Jede Bewegung der Natur
ist ein Zeichen von Dir.

Jede Bewegung überdeckt
Deine Stimme.

Das ganze Universum ist ein Instrument,
dessen Rhythmus Dein Taktstock führt.

Lass mich Deine göttliche Bewegung erkennen
in allem, was sich im Universum bewegt.

Lass mich das Geheimnis erkennen,
verborgen hinter Deiner Bewegung.

Lebewesen

Tiere

Ich bin sicher, dass Du für mich sorgst,
so wie Du Dich auch um Deine
stummen Geschöpfe kümmerst.

O Hirte der Menschheit,
Du sorgst für alle Deine Geschöpfe.

Die menschliche Natur

menschliche Wesen (für beide, Männer und Frauen):

Im Menschen sehe ich, mein geliebter Herr,
Dein eigenes Bild.

Ich stehe an Deinem Tor,
in der Gegenwart des Menschen.

Indem ich einen Menschen grüsse,
verbeuge ich mich an Deinem Tor.

Ich finde Dein Heiligtum
im Herzen des Menschen.

Die Frau (Meditationen für Männer über die Frau):

Sanft nähere ich mich einer Frau,
um nicht Deine weibliche Zartheit zu verletzen.

Deine göttliche Gnade spiegelt sich wider
im Herz der Mutter.

Ich erkenne Deine göttliche Anmut
in der Zartheit des weiblichen Herzens.

In der Tugend der Frau
erkenne ich Deine göttliche Reinheit.

Ich erlebe Deine göttliche Vollkommenheit
mit der Frau, die mein Leben ganz macht.

Die Frau, mein Schrittstein (3)
im Aufstieg zu Deinem Heiligtum.

Ich erlebe Deine Vollkommenheit
in der Vereinigung mit meiner anderen Hälfte.

Der Mann (Meditation für Frauen über den Mann):

Im Mann erkenne ich
Deinen liebevollen Schutz.

Meiner Seele Ideal ist mir offenbar
in der Gestalt des Mannes.

In den Armen des Mannes erlebe ich
Deine göttliche Umarmung.

Ich erfahre Deine göttliche Vollkommenheit
mit dem Mann, der mein Leben ergänzt.

Erhebe mich über die Schwere des Lebens
und gewähre mir, den Mann in Dir zu erkennen.

Du bist der göttliche Geliebte,
alle Seelen suchen nach Deiner Liebe.

Kindheit

Ich sehe Deine göttliche Reinheit
im unschuldigen Gesicht des Kindes.

Ich empfange Deine Botschaft
durch das fröhliche Lächeln des Kindes.

Ein Kind bringt mir die Atmosphäre des Himmels,
wenn es auf die Welt kommt.

Mein Herr, ich bedarf ganz Deines Schutzes,
wie ein unschuldiges Kind.

Zeige mir den rechten Weg, Herr,
ich bin wie ein Kind auf Deinem göttlichen Pfad.

Mache mein Herz so rein
wie das Herz eines unschuldigen Kindes.

Lehre mich Unschuld, o Herr,
durch das Kind, ein Engel auf Erden.

Ich erhebe mich über alle Sorgen und Bitternis des Lebens
wie ein Kind.

Das Alter

Lass mich Dir zunehmend nahekommen,
während ich älter werde.

Indem ich die alten Menschen ehre,
verehre ich Dich, o Herr.

In dem grauen Haar der Alten,
sehe ich Deine Reinheit, o Herr.

Die alten Menschen bringen meine Botschaft,
zu Dir, o Herr.

Segne mich durch den gütigen Blick der alten Menschen,
und lehre mich durch ihre Worte.

Meine Seele geht dem Alter entgegen,
und mein Herz ergraut durch Dein silbernes Licht.

Der Weise

Vor dem göttlichen Menschen,
vor dem sich alle Engel verneigen,
verbeuge ich mich.

Dein Diener, o Herr,
sei mein Meister.

Meine heilige Pilgerfahrt
ist die geheiligte Wohnstatt der Weisen.

Die Gegenwart des göttlichen Menschen
ist der heilige Fluss für mich.

Du bist es, der zur Erde kommt,
um in Gestalt des Weisen die Menschheit zu retten.

Lass mein Herz widerspiegeln
den Geist der Heiligen.

Lass mich in Deine Wohnstatt eintreten,
durch das Herz Deines Heiligen.

Lass mich zu Deinem Leib werden,
und Du werde mein Geist, o Heiliger!

Ich verliere mein Selbst
im Selbst des göttlichen Menschen,
um mit Dir eins zu werden.

Der Prophet

Lass mich Dein Antlitz erkennen
im Bilde Deines Avatars. (4)

Lehre mich, o Herr,
durch die Worte Deines Botschafters.

Warne mich, Herr, durch Deinen Propheten,
bevor ich den Pfad des Irrtums betrete.

Heile meine Seele
durch den inspirierenden Blick Deines Messias.

Ich erkenne Deinen Geist, o Rasul, (5)
durch den Schleier meines geistigen Führers.

Ich sehe die Göttlichkeit
in Deinem Geist von Risalat. (6)

Ich sehe Dein eigenes Ideal
in der Vollkommenheit des Rasul.

Mein Herz ist nicht mehr mein,
es ist Deines, mein geistiger Führer.

Meine Seele ist Dein Geist, o Rasul,
nun existiere ich nicht mehr.

Meinem Führer, meinem Lehrer,
gab ich Herz und Seele hin;
was jetzt noch bleibt, ist Dein, o Herr.

Gott

Du kennst all meine Bedürfnisse,
und Du wirst sie stillen.

Du, der Du mein Herz kennst,
erfülle meine Wünsche.

Du bist es, den ich sehe,
in allen Namen und Gestalten.

Du bist mir näher
als ich selbst.

Lass Deine Kraft mich stärken,
(Dein Licht mich inspirieren),
und lass Deine Liebe meine Seele zu Glückseligkeit führen.

Mach mich Deiner bewusst,
so dass ich das Bewusstsein meines Wesens verliere.

Lass jede Bewegung des Lebens
meinen Ohren Deinen Namen zuflüstern.

Gott, sei Du vor mir, wenn ich wach bin,
und bei mir, wenn ich schlafe.

In Deiner Natur
fühle ich Deine Gegenwart.

O Schöpfer,
Du bist in Deiner wunderbaren Schöpfung verborgen.

Sprich zu mir, Gott,
durch Deine Natur.

Ich stehe als Brücke
zwischen Dir und Deiner Natur.

Hebe den Schleier, Gott,
der Dich von mir trennt.

Entferne die Wand aus meiner Sicht,
dass ich Deine Gegenwart erreiche.

Enthülle Dein Antlitz, o Herr,
so dass ich Dein Bild schaue.

Lass mein Selbst
zu Deinem Wesen werden.

Lass mein Leben
Deine Seele werden.

In Deinem Bewusstsein
lass mich mich selbst vergessen.

Ich trinke den Wein Deiner Gegenwart
und verliere mich in Verzückung.

Noch einen Becher, mein Geliebter,
dass ich mich ganz verliere.

Lass mich in Deinem göttlichen Meer ertrinken,
wie eine Perle im Wein.

Allgemeines

Lass die Erde den Himmel widerspiegeln,
dass mir das Leben zu einem offenen Buch werde.

Lass Dein Wort
Ausdruck meines Lebens werden.

Sprich zu mir, Herr,
die Ohren meines Herzens lauschen.

Lass mein Leben fruchtbar sein
in all seinen Aspekten.

Durch die Natur entfalte Dein Geheimnis
und enthülle Dein Mysterium durch mein Herz.

Lass mein Denken süsse Früchte und
duftende Blüten tragen,
gleich diesem Baum, der in der Erde Deines
Geistes wurzelt.

Jede Gestalt, die ich sehe,
ist Deine eigene Gestalt, mein Herr.

Jeder Klang, den ich höre,
ist Deine eigene Stimme.

In jedem Wohlgeruch nehme ich
den Duft Deines Geistes wahr.

In jedem zu mir gesprochenen Wort,
höre ich Deine Stimme, mein Herr.

Alles, was mich berührt,
ist Deine eigene Berührung.

In allem, was ich schmecke,
erquickt mich der Nektar Deines köstlichen Geistes.

An jedem Ort
erkenne ich Dich, mein Herr.

Jedes Wort, das meine Ohren erreicht,
ist Deine Botschaft.

Alles, was mich berührt, beglückt mich
mit der Freude Deines Kusses.

Wo immer ich wandere,
begegne ich Dir,
wohin ich mich auch wende,
ich finde Dich, mein Herr.

Wohin ich auch schaue, sehe ich
Dein herrliches Antlitz,
was immer ich auch berühre,
ich berühre Deine geliebte Hand.

Wen ich auch sehe,
ich erkenne Dich in seiner Seele.

Von wem ich auch etwas annehme,
ich empfange es von Dir.

Wem ich auch etwas gebe,
in Demut gebe ich es Dir.

Wer auch immer zu mir kommt,
für mich ist es ist Dein Schrei.

Wen ich auch anrufe,
ich rufe an Deinem Tor.

Immer wenn ich mich vor jemand neige,
verbeuge ich mich vor Deinem Thron.

Indem ich allen meine Zuneigung schenke,
bezeuge ich Dir meine Liebe, mein Geliebter.

Über die Ruhe und Stille in der Natur

Durch die Stille der Natur
erlange ich Deinen göttlichen Frieden.

O erhabene Natur,
lass mein Herz in Deiner Stille ruhen.

Geduldig erwartest Du den Augenblick,
Dich durch die Stille der erhabenen Natur zu offenbaren.

O erhabene Natur, sprich zu mir in der Stille,
wie Du erwarte ich in der Stille den Ruf Gottes.

O erhabene Natur,
durch deine Stille vernehme ich deinen Schrei.

Mein Herz ist auf die Ruhe eingestimmt,
zu der die Stille der Natur inspiriert.

O erhabene Natur, schwanger von göttlichem Geist,
offenbare dich als Gebet, das aus meinem Herzen aufsteigt.

Sprich, Gott, in der Stille,
in diesem Jetzt ist mein Herz in Einklang
mit der Stille Deiner Natur.

Wenn auch das ewig fliessende Leben meine Natur ist,
so bist doch Du, o Stille, mein wahres Sein.

Licht und Schatten

Alles Licht ist Dein Strahlen,
und Schatten ist der Schatten Deiner Schönheit.

Du bist in beidem: als Strahlen im Licht,
als Schatten im Dunkel.

Du änderst Deinen Ort,
doch nicht Dich selbst, o Licht.

Licht ist Deine Offenbarung,
Schatten Dein Rückzug.

Im Licht bist Du offenbar,
im Schatten bist Du verborgen.

Licht ist Dein Auge
und Schatten seine Pupille.

Der Schatten vermehrt das Licht,
wie die Null die Zahl.

Das Licht repräsentiert Deinen Himmel,
der Schatten Deine Erde.

Im Licht erkenne ich Deine Schönheit,
im Schatten finde ich Dein Mysterium.

Licht ist Dein Antlitz,
Schatten ist Dein Schoss.

Farben

Gelb:

Im Gelb sehe ich
die Flamme Deines Lichtes.

Ich erkenne im Gelb
Deine Liebe und Dein Licht.

Mit Gelb schmücktest Du
die Erde und Deinen Himmel.

Lass mein Herz reif werden,
wie ein grünes Blatt ins Gelbe reift.

Ich sehe Deine beiden Schwingen
im grünen Wasser und der gelben Erde.

Lass die gelben Flammen Deines göttlichen Lichtes
mein falsches Ich in Asche verwandeln.

Safran:

Im Safran erstrahlt
das Licht Deiner Majestät.

Safran ist die Farbe
Deiner königlichen Würde.

Im Safran fühle ich
Deine leidenschaftliche Liebe.

Safran bringt
meinem Herzen Entzücken und himmlische Freude.

Braun:

Im Braun beobachte ich
Dein sanftes Lächeln, Beweis Deiner milden Natur.

Deine reife Natur
manifestiert sich im Braun.

Im Braun erkenne ich
Dein beständiges Erdulden.

Dein tätiges Mitgefühl
zeigt sich in der Farbe Braun.

Gold:

O ewiger Alchimist
mache mein Herz zu Gold.

Orange:

Im Orange sehe ich
Dein Licht in höchster Vollendung.

Die Sonne übermittelt mir
Deine Grüsse, gekleidet in ein Gewand von Orange.

Im Orange schaue ich
die glorreiche Vision Deiner himmlischen Reichtümer.

Durch Orange erfreust Du
mein sehnendes Herz.

Im Orange zeigt sich mir
Deine Weisheit und Dein Erbarmen.

Die rote Farbe belebt
mein hungriges Herz.

Rot:

In der Farbe Rot sehe ich
Dein glühendes Antlitz.

Im Rot sehe ich
Dein Herz bluten aus Mitgefühl für Deine Geschöpfe.

Die rote Farbe zeigt mir
Dein Leben in seiner reinsten Glut.

Die rote Farbe belebt
mein hungriges Herz.

Färbe mein Herz rot,
dass es die Farbe Deines eigenen Lebens trage.

Violett:

O ewig junger Geliebter, das Violett erzählt mir
vom stillen Stöhnen Deines Herzens.

Mein Geliebter, Deine leise Wehklage höre ich
im Violett.

Purpur:

Im Purpur finde ich
Dein tiefstes Leiden.

Ich fühle Deinen Kummer mit,
der sich im Purpur offenbart.

Scharlachrot:

Dein tiefes Leid bohrt sich wie ein Dolch durch mein Herz,
indem es durch das scharlachrote Blut aufsteigt.

Scharlachrot vermittelt meinem Herzen
Dein ewiges Martyrium.

Rosa:

Die Farbe Rosa erweckt in meinem Herzen
Liebe für Dein Wesen.

Blau:

Die blaue Farbe schenkt mir
einen flüchtigen Blick in Deinen Himmel.

Ich sehe den Himmel strahlen
aus Deinen blauen Augen.

Ich erblicke das Blau Deiner Augen
am Himmel.

Aus dem Blau kommt Dein inspirierender Einfluss,
der mich über die Erde erhebt.

Im Blau sehe ich
die Reinheit Deiner Natur.

Erhebe mich
in die blauen Sphären Deines Himmels.

Am stärksten spüre ich Deine Gegenwart,
wenn mir alles in grauem Licht erscheint. (7)

Grün:

In der Farbe Grün sehe ich
Dein Leben spriessen.

Ich sehe Deine beiden Schwingen
im grünen Wasser und in der gelben Erde.

Der grüne Teppich Deines Himmels
ist auf Erden ausgebreitet.

Spiegle, Gott, Dein Erbarmen
Im Farbton der grünen Natur.

Die Gefühle Deines Herzens
finden Ausdruck in den sich ewig
erhebenden Wellen der grünen See.

Im Grün sprichst Du,
im Blau schweigst Du.

Lass meine Seele sich in Deinen Gedanken wiegen
wie das Grün im Wald.

Gib mir die Geduld der grünen Bäume,
die still stehen und Dein Gebot erwarten.

Ich erbitte den Kelch des grünen Giftes,
der das Leben bringt, das dem Tod folgt. (8)

Weiss:

Im Weiss sehe ich Deine Reinheit
meinen Augen offenbart.

Weisse Lilien bringe ich Dir dar
als Gabe meines offenen Herzens.

Schwarz:

In der Farbe Schwarz
fühle ich die Tiefe Deines Wesens.

Im Schwarz zeigst Du
Dein ewiges Wesen.

Im Schwarz beweist Du mir,
dass Du jenseits allen Wandels bist.

Was verbirgt sich hinter tiefster Dunkelheit,
Dein endloses Selbst.

Schwarz bedeutet Tod,
doch zugleich das ewige Leben.

Grau:

Ich erkenne Dein Antlitz
unter grauem Schleier verdeckt.

Im Grau sehe ich das Zeichen
der Reife Deines Geistes.

Im Herzen von Grau
spiegelt sich die Welt.

Deine Himmel werden gestützt
durch graue Wolkendecken.

Mein tiefer Seufzer steigt empor als grauer Nebel
Um Deiner tröstenden Worte willen als Regen.

Gerade Linien

In der Geraden
bist Du still.

Die gerade Linie sagt mir:
Du bist der Einzig Seiende.

Die gerade Linie spricht
von Deiner Gerechtigkeit.

Die gerade Linie zeigt mir
den Weg zu Dir.

Die gerade Linie symbolisiert
den Anfang der Schöpfung.

Die gerade Linie sagt uns,
dass Du der Eine Alleinige bist.

Die gerade Linie ruft laut,
dass es niemanden gibt ausser Dir.

Die gerade Linie verheisst
Seine Einfachheit.

Die Gerade steht für
Klarheit.

Anhang

Verschiedene Bewegungen

Nach innen gerichtete Bewegung
bedeutet Stärke und Kontrolle.

Nach Aussen gerichtete Bewegung
bedeutet Verausgabung und Austreibung.

Die Zickzack-Bewegung
bedeutet Stärke, doch zugleich Zerstörung.

Seitwärts gerichtete Bewegung von rechts nach links
bedeutet Stärke und Kraft.

Seitwärts gerichtete Bewegung von links nach rechts
bedeutet Sanftheit und Bescheidenheit.

Seitliche Bewegung nach oben
bedeutet Liebe und Reinheit.

Seitliche Bewegung nach unten gerichtet
bedeutet Zuneigung und Demut.

Waagerechte Linien

Die waagerechte Linie symbolisiert
das Hindernis auf dem Weg.

Die waagerechte Linie kündet vom Tod.

Die waagerechte Linie suggeriert Ruhe.

Die waagerechte Linie ist das Hindernis.

Die waagerechte Linie verhindert die Handlung.

Die waagerechte Linie ist das Zeichen der Zerstörung.

Die waagerechte Linie zeigt Vernichtung.

Die waagerechte Linie symbolisiert Sterblichkeit.

Die waagerechte Linie ist ein Zeichen für Misserfolg.

Das Kreuz

Die waagerechte Linie zusammen mit der senkrechten
ist das Zeichen der Vollkommenheit.

Die waagerechte Linie zusammen mit der senkrechten
ist das Zeichen des Lebens.

Die waagerechte Linie zusammen mit der senkrechten ist das Zeichen vollkommener Freude.

Die waagerechte Linie zusammen mit der senkrechten ist das Zeichen von Erfahrung.

Die waagerechte Linie zusammen mit der senkrechten ist die Ursache der Auferstehung.

Die waagerechte Linie zusammen mit der senkrechten ist das Mittel der göttlichen Vollkommenheit.

Der Kreis

Der Kreis ist das Zeichen Gottes.

Der Kreis ist das Zeichen der Vollkommenheit.

Der Kreis ist das Zeichen der Unveränderlichkeit.

Der Kreis ist Zeichen des Beginns und des Erlöschen des Lebens.

Der Kreis ist das Zeichen von Anfang und Ende.

Der Kreis ist das Zeichen von Ursprung und Ziel.

Der Kreis bedeutet nichts, alles und alle Dinge.

Der Kreis ist Leben und ist Tod.

Der Kreis bedeutet Fülle.

Der Kreis bedeutet endlosen Schmerz
und immerwährende Freude.

Der Kreis ist der See, in dem die Seelen verloren gehen,
und der Springbrunnen, durch den sie auftauchen.

Der Kreis drückt den Wirbelwind durch alle
Aspekten des Lebens aus.

Der Kreis repräsentiert die Welt.

Der Kreis symbolisiert die Planeten.

Der Kreis steht für das Geheime.

Der Kreis steht für Öffnen und Schliessen.

Der Kreis repräsentiert Aufnehmen und Austreiben.

Auswahl von Blumen und ihrer Farbe

Für eine sterbende Person weisse Blumen, mit dem Gedanken, dass das Hinübergehen friedvoll sein möge.

Für Erkrankungen des Blutes weisse Blumen, vorzugsweise Jasmin.

Für nervöse junge Menschen, die sehr gefühlsbetont sind und sich noch nicht gefunden haben, weisse Lilien.

Für nervöse Menschen, die körperlich und geistig instabil sind, gelbe Blumen. Tulpen sind am besten, aber alle Arten gelber Blumen sind gut.

Bei Anämie rote Tulpen, rote Rosen, rote Blumen jedweder Art.

Für einen Menschen, der Angst vor dem Tod hat, der auf seinem Krankenlager ruhelos und verzweifelt ist, rosa Rosen oder rosafarbene Blumen.

Für Menschen, die durch den Eindruck ihrer Krankheit so stark gebunden sind, dass sie nicht gesunden können, blaue Blumen.

Für besessene Personen oder für solche, die durch negative geistige Einflüsse krank sind, jede Art von Orchideen.

(Erinnere stets das geistige Anliegen, das mit der Blume verbunden ist).

Was verschiedene Blumen vermitteln

Die Rose schenkt Entfaltung.

Die Orchidee schenkt Kunstsinn.

Weisse Blumen fördern die Entfaltung des Charakters.

Duftende Blumen fördern die Persönlichkeit.

Gelbe Blumen schenken Ausstrahlung.

Saphirblaue Blumen schenken Freude.

Purpurfarbene Blumen verleihen der Persönlichkeit Gewicht.

Edelsteine

Smaragd bedeutet Fortschritt, Leistungsfähigkeit, besonders in Bezug auf Schönheit und Kunst

Saphir: Kunst und Inspiration

Rubin: Liebe, Leid und Schwierigkeiten

Topas: Harmonie

Diamant: Rechtschaffenheit

Trage niemals eine Perle. Sie steht für Gefangenschaft, da sie aus einer Muschel kommt. Sie bringt Beschränkung und Wohlstand, mit all den Sorgen, die damit verbunden sind.

Trage keinen Opal. Er enthält alle Farben; er repräsentiert das Positive wie das Negative, und das ist nicht gut.
Das eine oder das andere sollte repräsentiert sein.
Beides gereicht zum Guten, aber nicht zur gleichen Zeit.

Anwendung von Farben

Heilfarben sind helle Farben:
Weiss, Cremefarben, Frühlingsgrün,
Himmelblau, Blütengelb

Bei Hautkrankheiten:
Weiss, Cremefarben

Bei Nervenkrankheiten und bei Auszehrung:
Himmelblau

Bei Nervenkrankheiten:
Blütengelb

Für ausgebrannte, erschöpfte und kranke Menschen:
Frühlingsgrün

Für Behinderte:
Sandelholzfarben (Gelb-Braun-Erdfarben)

Für die Waisen:
Frühlingsgrün, Gelb, Rosa, Himmelblau

Für Blinde:
Himmelblau

Für Geisteskranke:
Sandelholzfarben

Für Krematorien:
Rauchfarben, von Grau bis zu reinem Weiss aufhellend, alle Nuancen. (Gebrauche nie Malve für diesen Anlass. Es ist die Farbe der Trauer, und sie ist nicht gut für die Toten. Ein Mensch, der Gefahr oder Leid befürchtet, hat eine malvenfarbene Aura.)

Für Universitätsgebäude:
Dunkler Bernstein und Rot mit bernsteinfarbenen Schattierungen für Inspiration, Frische, Imagination und intellektuelles Studium.

Für Gefängnisse:
Blau in allen Schattierungen

Für Geschäftsgebäude:
Tiefe, auffallende Farben: Blau, Pink

Für Kirchen und Orte der Andacht:
Rot, Rosa, Blau, Grün, Gelb, Silber, Gold

Für die höhere Geistigkeit (Erleuchtung): Gelb

Für religiöses Gefühl (Glauben): Rot

Für spirituelles Streben: Blau

Um eine religiöse Botschaft zu verbreiten: Grün

Für Tugend (Frömmigkeit): Silber

Für Gnade und Segen: Gold

für Kleidung:

Trage kein Purpur im Alltagsleben, besonders nicht Purpur, in dem Rot dominiert; es bringt Zerstörung. Für mystische und spirituelle Zwecke ist Purpur gut, jedoch nicht für das alltägliche Leben.

Trage nicht Rot und Blau zusammen. Das ruft den Donner hervor, und wenn Feuer in der Luft ist, bringt es Zerstörung.

Für junge Mädchen: Türkis

Für angehende Bräute: Koralle

Zum Trost: Frühlingsgrün, Gelb

Zur Beruhigung:
Die am wenigsten anregenden Farben, ein gelbliches Braun. Berge, dicht bedeckt mit Grün, tiefe Täler.

Gegen Melancholie:
Aprikosenfarben, je mehr Himmel, Sonne, Mond und Sterne, um so besser.

Um sich über niedere Gedanken zu erheben:
Cremefarben, Engel, Kirchen, Kuppeln.

Anmerkungen:

1. zitiert aus: Hazrat Inayat Khan: „Die Einheit der religiösen Ideale“

2. Hazrat Inayat Khan:“ Gayan - Vadan - Nirtan“

3. im engl. stepping stone, d.h.
   Stufe, Trittstein im Wasserlauf, Sprungbrett zu

4. Avatar: göttliche Inkarnation

5. Rasul: Gesandter

6. Risalat: Prophetentum

7. blue = blau, trübe: … „wenn mir alles in Grau erscheint“

8. von der Einweihung Shivas, sein Kelch der Bitternis.

Hazrat Inayat Khan wurde 1882 in Indien geboren. Bereits mit 20 Jahren ein Meister klassischer indischer Musik, gab er eine glänzende Karriere auf, um sich ganz dem geistigen Weg zu weihen. 1910, der Führung seines Lehrers folgend, ging er in den Westen, um in den Vereinigten Staaten (1910) und in Europa (1912) die geistige Botschaft der Sufis zu lehren. 1926 kehrte er nach Indien zurück, wo er im darauffolgenden Jahr verstarb.

Diese Seiten sind für die Anmerkung von Aussprüchen
und Gedanken gedacht, die Sie besonders angesprochen haben.

Diese Seiten sind für die Anmerkung von Aussprüchen
und Gedanken gedacht, die Sie besonders angesprochen haben.

Diese Seiten sind für die Anmerkung von Aussprüchen
und Gedanken gedacht, die Sie besonders angesprochen haben.

Diese Seiten sind für die Anmerkung von Aussprüchen
und Gedanken gedacht, die Sie besonders angesprochen haben.

Hazrat Inayat Khan

G E B E T – Atem der Seele

Wie für die Sufis aller Zeiten und Länder war auch für Hazrat Inayat Khan (1882–1927), dem grossen indischen Sufi-Meister und Musiker, das Gebet – die Zwiesprache mit Gott – von allergrösster Bedeutung. Aus der Tiefe seines Herzens schrieb er für seine Anhänger, aber nicht nur für sie, sondern für alle Menschen, die sich von seinen Worten angesprochen fühlen, Gebete, die sie einerseits im täglichen Leben begleiten sollen, sie vor allem aber etwas von dem Geheimnis der mystischen Beziehung zum Gott in ihrem Innern, zum göttlichen Geliebten ahnen lassen sollen. Einzelne der in diesem Buch enthaltenen Gebete werden unseren Lesern bekannt sein. Darüber hinaus enthält es auch wenig bekannte oder bis her nicht veröffentlichte Gebete für verschiedene Situationen im Leben und eine längere Darlegung über die verschiedenen Aspekte des Gebets. Vielfach wurde von Lesern und Anhängern Hazrat Inayat Khans der Wunsch geäussert, diese Gebete in einer zweisprachigen Ausgabe herauszubringen, um sich dadurch in seine Gedanken noch mehr vertiefen zu können.

ISBN 3-923000-93-6 88 S., br., DM 18.–, sFr. 17,40, öS 132.–

„Sufismus ist die Weisheit von der Einheit im Geiste“

Werke von Hazrat Inayat Khan

(1882 – 1927)

Gayan – Vadan – Nirtan – Aphorismen
384 S., Leinen, DM 36.–

Musik und kosmische Harmonie
112 S., br., DM 24.–

Ein Sufi-Brevier
131 S., S., Leinen, DM 28.–

Wanderer auf dem inneren Pfad
128 S., TB, DM 16.–

Vom Glück der Harmonie
128 S., TB DM 14.–

Irdisches Glück und himmlische Glückseligkeit
Sufi-Erzählungen, Symbole und Gleichnisse
117 S., Leinen, DM 26.–

Sufi-Weisheiten – Aphorismen
65 S., Leinen, DM 22.–

Friedensgebet
Mit Worten von Meistern, Dichtern und Denkern
52 S., br., DM 14.–

Weitere Bücher aus dem Verlag Heilbronn

Hidayat Inayat-Khan, „Es war einmal ..."
Erinnerungen an meine geliebten Eltern
88 S. 29 Abb., br., DM 28.–

Hidayat Inayat-Khan, „Eine Fackel in der Dunkelheit – Sufi-Lehren"
144 S., 3 Abb., Br., DM 24.–

Dr. H. J. Witteveen, „Universaler Sufismus"
Die Sufi-Botschaft von Hazrat Inayat Khan"
200 S., 25 Abb., br., DM 36.–

Eduard Baltzer „Pythagoras – Der Weise von Samos"
Ein Lebensbild
180 S., br., DM 22.–

„Die Goldenen Verse des Pythagoras – Lebensregeln zur Meditation"
Eine Einführung von Inge von Wedemeyer
64 S., br., DM 14.–

„Konfuzius – Meister der Güte und Mitmenschlichkeit"
Eine Einführung von Inge von Wedemeyer
120 S., br., DM 20.–

R.F. v. Scholtz, „Dem einen entgegen ..."
128 S., Leinen, DM 28.–

Verlag Heilbronn
Postfach 3641, D-74026 Heilbronn

„Die Goldene Mitte"

Kostbare Texte einst und heute

1. Die Goldenen Verse des Pythagoras
2. Der Sonnengesang des Ech-en-aton
3. Die Bergpredigt Jesu
4. Die Tafeln der Wahrheit des Moin-ud-Din Chishti
5. Matthias Claudius, An meinen Sohn Johannes
6. G.E. Lessing, Die Parabel von den drei Ringen
7. R.F.v. Scholtz, Im Geiste der Einheit
8. Konfuzius, Der Weg des Himmels und der Erde
9. „Vater unser!" – Kleines ökumenisches Gebetsbrevier
10. Hazrat Inayat Khan, Erleuchtete Worte
11. „Du bist unsere Zuflucht" – Gebete im Geist univers. Oekumene
12. „Vom Herzen gehen die Dinge aus …" – Aus dem Buddhismus
13. Zarathustra
14. Toleranz und Religionsfreiheit
15. Anandamayi Ma, Leben der Hingabe
16. J. W. v. Goethe, Wie alles sich zum Ganzen webt
17. Teresa von Avila, Der Du bist in den Himmeln
18. Bayezid Bastami, Licht über Licht
19. Die Gottesliebe in der Bhagavadgita
20. Schalom – Weisheit des Judentums
21. Rabindranath Tagore, Die Seele unserer Seele
22. Marc Aurel, In freier Harmonie mit dem Schicksal
23. Emanuel Swedenborg, Bürger zweier Welten
24. „Jenseits von allem, was ist"
25. Aus dem Koran
26. Franz v. Assisi, Bruder aller Menschen und aller Kreatur
27. Laotse, Vom Sinn des Lebens
28. Seneca, Aus den Briefen an Lucilius
29. Hazrat Inayat Khan, Sufi-Geschichten
30. Meister Eckhart

Bestellungen ab **5 Stück** bei beliebiger Titelwahl.
Jedes Heft **3.- DM**. Die Reihe wird fortgesetzt.